KAY-HENNER MENGE

Stilvoll anrichten

Kreative Rezepte
eindrucksvoll inszeniert

Inhalt

Liebevoll zubereiten und formvollendet präsentieren!

An einem gedeckten Tisch zu sitzen, der mit edler Tischwäsche, feinem Besteck und Porzellan und funkelnden Gläsern, in denen sich das Kerzenlicht widerspiegelt, gestaltet wurde, gibt feinem Essen einen stilvollen Rahmen. Das Essen delikat zuzubereiten, ist das eine, es ansehnlich anzurichten das andere. Dabei gehört nicht viel dazu, Speisen geschmackvoll auf den Teller zu bringen, wenn man ein paar Grundsätze beachtet.

Mit den **Garnierringen** haben Sie wunderbare Hilfsmittel zur Hand, mit denen Sie Ihr Rezept ganz einfach und effektvoll in Szene setzen können. Nach einem erstmaligen Reinigen in Spülwasser sind die Ringe gebrauchsbereit. Sie können mit ihnen kalte und heiße Gerichte anrichten, Cremes darin gelieren lassen oder Küchlein darin backen.

Für warme Speisen empfiehlt es sich, auf jeden Fall das Geschirr **vorzuwärmen.** Denn das Arrangieren der Speisen auf dem Teller benötigt meist etwas Zeit, in der das Essen schnell abkühlen würde. Nach dem Anrichten in den Ringen ist beim **Abheben** eine ruhige Hand gefragt, damit die Dekoration nicht in Mitleidenschaft gezogen wird. Manchmal kann es auch sinnvoll sein, die Garnierringe erst nach dem Platzieren der Teller am Tisch abzuheben.

In der Gastronomie wird oft der Satz gebraucht: »**Der Tellerrand gehört dem Service!**« Diesen Grundsatz zu beherzigen ist sinnvoll, denn der Teller muss von der Küche zum Tisch gebracht werden, und dabei sollte man ihn auch anfassen können, ohne das Gesamtarrangement

Mit dem Garnierring in Form gebrachte Gerichte immer direkt auf dem Teller anrichten, auf dem Sie auch servieren. Beim Umsetzen könnten die Speisen sonst zerstört werden.

zu zerstören. Zudem ergibt sich eine unschöne Optik, wenn die einzelnen Speisekomponenten rundherum auf dem Teller angeordnet werden, die Mitte aber nahezu frei bleibt. Hilfreich ist es daher, ein **Zentrum auf dem Teller** zu bilden, in das man den Hauptbestandteil des Gerichtes anrichtet. Rundherum können Sie anschließend die weiteren Komponenten verteilen.

   »Weniger ist oft mehr!« Nicht alle Bestandteile eines Rezeptes müssen auf einmal auf dem Teller angerichtet werden. Wird ein Gericht **mit Sauce** serviert, empfiehlt es sich, gerade nur so viel davon auf den Teller zu geben, dass die Speise damit umrahmt oder verziert wird. Die übrige Sauce serviert man separat in einer Sauciere. Gleiches gilt für die anderen Rezeptkomponenten: Richten Sie nur so viel auf einem Teller an, dass dieser nicht überladen wirkt. Was übrig bleibt, wird extra gereicht.

Die Garnierringe werden mithilfe von Esslöffeln gefüllt. Kurz vor dem Servieren werden die Ringe vorsichtig abgehoben.

Vorspeisen

Kulinarischer Vorspeisen-Wettstreit im Zeichen
der Ringe: Mexikanische Avocadocreme auf
Knusperboden, ein asiatischer Hähnchen-
salat oder italienisch inspirierte Tomaten-
Ricotta-Törtchen warten darauf, von Ihnen
in Szene gesetzt und bewertet zu werden.
Möge die beste Vorspeise gewinnen!

Basilikummousse mit Tomatengelee und Parmesancrackern

Für 2 Portionen

1 gehäufter EL Pinienkerne

20 g Parmesan, frisch gerieben

2 Blatt Gelatine

1 kleines Bund Basilikum (30 g)
und Basilikumblättchen
für die Garnitur

2 EL Olivenöl

80 g saure Sahne

80 g Sahnejoghurt

Fleur de Sel, Pfeffer

50 g Sahne

Öl für die Ringe

200 g Tomaten

1/2 Knoblauchzehe; geschält

4–5 EL helle Balsamicocreme

Tabascosauce

**Zubereitungszeit:
ca. 1 Std. (plus Wartezeiten)**

ZUBEREITUNG

1 Backofen auf 180 °C vorheizen. Pinienkerne hacken und mit dem Parmesan mischen. Mithilfe der kleineren Garnierringe auf einem mit Backpapier ausgelegten Blech 2 Plätzchen formen. Ringe entfernen, Plätzchen im heißen Ofen (Mitte, Umluft 160 °C) 8 bis 10 Minuten goldbraun backen. Cracker auf dem Blech abkühlen lassen.

2 1 Blatt Gelatine in kaltem Wasser einweichen. Basilikumblättchen abzupfen, mit 1 Esslöffel Öl, saurer Sahne und Joghurt pürieren. Mit Fleur de Sel und Pfeffer würzen. Ausgedrückte Gelatine bei kleiner Hitze auflösen. 2 Esslöffel Basilikumsahne unterrühren, dann diese Mischung unter die übrige Masse rühren, kalt stellen. Sahne steif schlagen. Wenn die Basilikummasse zu gelieren beginnt, unterheben. Auf Tellern in die leicht geölten größeren Garnierringe geben. 1 Stunde kalt stellen.

3 1 Blatt Gelatine wie oben einweichen. Tomaten 30 Sekunden in kochendes Wasser geben, abschrecken und abziehen. Tomaten entkernen, Fruchtfleisch klein würfeln. 1 Esslöffel Öl in einem Topf erhitzen, Tomaten zugeben, Knoblauch dazu pressen. Unter Rühren 5 Minuten bei kleiner Hitze dünsten. Mit 1 Teelöffel Balsamicocreme, Tabasco und Fleur de Sel würzen. Tomaten und die ausgedrückte Gelatine in einem Rührbecher pürieren, durch ein feines Sieb passieren. Auf die Basilikummousse geben, 3 Stunden kühl stellen. Ringe vorsichtig lösen und abheben. Mit Balsamicocreme, Basilikumblättchen und Crackern garnieren.

Das Foto zu diesem Rezept finden Sie auf den Seiten 6/7

Tomaten-Ricotta-Törtchen mit Pinienkernen

ZUBEREITUNG

1 Ofen auf 120 °C vorheizen. Tomaten in kochendem Wasser je 15 Sekunden blanchieren, abschrecken und abziehen. Tomaten vierteln und entkernen. Viertel längs halbieren, nebeneinander in eine gefettete ofenfeste Form legen. Oreganoblättchen hacken. Tomaten mit Oregano, Zitronenschale und je 1 Prise Zucker, Fleur de Sel und Pfeffer würzen. Mit 3 Esslöffeln Öl beträufeln. Im heißen Ofen (unten, Umluft 100 °C) 2 1/2 Stunden trocknen. Dabei immer wieder die Ofentür kurz öffnen. Tomaten abkühlen lassen. Ofen auf 200 °C vorheizen.

2 Aus dem Blätterteig mit einem der größeren Garnierringe 2 Plätzchen ausstechen, nebeneinander auf ein mit Backpapier ausgelegtes Blech legen und mit einer Gabel mehrfach einstechen. Teig mit Backpapier und je einem ebenen Förmchen leicht (!) beschweren. Im Ofen (Mitte, Umluft 180 °C) 15 bis 18 Minuten goldgelb backen. Auf einem Rost abkühlen lassen.

3 Inzwischen die Pinienkerne in einer Pfanne ohne Fett bei mittlerer Hitze goldgelb rösten. Zwei Drittel der Pinienkerne fein hacken. Mit Ricotta, Zitronensaft, 1 Esslöffel Öl und Käse cremig rühren. 12 große Basilikumblättchen, 4 Esslöffel Öl, Fond und etwas Fleur de Sel pürieren. Ricottacreme und Tomaten mithilfe der Garnierringe abwechselnd auf die Plätzchen schichten. Mit etwas Basilikumöl beträufeln und mit übrigen Pinienkernen, Basilikumöl, kleinen Basilikumblättchen und Tapenade garnieren.

Für 2 Portionen

4 Flaschentomaten (400 g)

Fett für die Form

2 EL Oreganoblättchen

1/2 TL Bio-Zitronenschale, fein abgerieben

Zucker

Fleur de Sel, schwarzer Pfeffer

8 EL gutes Olivenöl

1 Platte TK-Blätterteig (rechteckig, 75 g), aufgetaut

3 EL Pinienkerne

120 g Ricotta

1–2 TL Zitronensaft

2 EL junger Grana Padano, frisch gerieben

12 große Basilikumblätter und einige kleine zum Garnieren

2 EL Gemüsefond

1–2 EL Tapenade

Zubereitungszeit: ca. 30 Min. (plus Trockenzeit)

Zandertatar mit Radieschensalat und Tofu-Kürbiskern-Sauce

Für 2 Portionen

180 g frisches Zanderfilet

3–4 Stiele Estragon

Fleur de Sel, Pfeffer

2 EL natives Rapsöl

1/2 TL fein abgeriebene Bio-Zitronenschale

6 TL Zitronensaft

1 EL Kürbiskerne (10 g)

100 g Seidentofu (Naturkostladen)

3–4 EL geröstetes Kürbiskernöl

1/2 Bund Radieschen

1 EL sehr feine Schnittlauchröllchen

Zubereitungszeit: ca. 1 Std. (plus Kühlzeit)

ZUBEREITUNG

1 Zander eventuell entgräten und abgedeckt 30 Minuten tiefkühlen. Anschließend den Zander in kleine Würfel schneiden. Den Estragon waschen, trocknen, die Blättchen abzupfen und fein schneiden. Zander, etwas Fleur de Sel und Pfeffer, Estragon, 1 Esslöffel Rapsöl und Zitronenschale mischen. 2 Teelöffel Zitronensaft unterrühren. Abgedeckt kalt stellen.

2 Kürbiskerne in einer Pfanne ohne Fett rösten, bis die Kerne knacken. Kerne im Blitzhacker fein hacken. Abgetropften Tofu, 1 bis 2 Teelöffel Zitronensaft und 2 Esslöffel Kürbiskernöl fein pürieren, salzen und pfeffern. Kürbiskerne unterrühren. Abgedeckt kalt stellen.

3 Radieschen putzen, waschen und in 1/2 Zentimeter große Würfel schneiden. 2 Teelöffel Zitronensaft, etwas Fleur de Sel und Pfeffer sowie 2 Esslöffel Rapsöl verrühren und mit Radieschenwürfeln und Schnittlauch mischen.

4 Zandertatar mithilfe der kleinen Garnierringe auf Tellern anrichten, große Ringe darum stellen. Radieschensalat im Zwischenraum verteilen. Jeweils beide Ringe abheben und je etwas Tofu-Kürbiskern-Sauce und Kürbiskernöl darum verteilen.

Asiatischer Hähnchensalat mit Papaya

ZUBEREITUNG

1 Fleisch trocken tupfen und mit 1 Esslöffel Sojasauce und etwas Cayennepfeffer würzen. In 1 Esslöffel heißem Öl bei mittlerer Hitze auf jeder Seite 5 Minuten goldbraun braten, in der Pfanne abkühlen lassen.

2 Ingwer dünn schälen und fein reiben. Chilischote längs halbieren, entkernen, waschen und fein hacken. Die Limette heiß waschen, trocknen und 1/2 Teelöffel Schale fein abreiben. 2 Esslöffel Limettensaft auspressen. Limettensaft, Limettenschale, Ingwer, Chili, 2 Esslöffel Sojasauce und 2 Esslöffel Sesamöl verrühren.

3 Paprika putzen, entkernen und halbieren. Paprika quer in feine Scheiben hobeln. Frühlingszwiebel putzen, waschen und das Weiße und Hellgrüne schräg in feine Ringe schneiden. Papaya entkernen, Kerne zwischen Küchenpapier trocken reiben, beiseite stellen. Die Papaya schälen, längs halbieren und quer in dünne Scheiben schneiden. Papaya, Paprika, Frühlingszwiebel und Sauce vorsichtig mischen.

4 Erdnüsse grob hacken. Hähnchenbrust mithilfe von zwei Gabeln zerzupfen. Beides unter den Salat heben. Minze waschen, trocknen, Blättchen abzupfen und (bis auf einige kleine Blättchen) unterheben.

5 Gurke waschen, streifig schälen und in dünne Scheiben hobeln. Rand der größeren Garnierringe so mit Gurkenscheiben auslegen, dass sie je zur Hälfte überlappen. Salat im Gurkenring anrichten und mit Papayakernen und Minzblättchen garnieren.

Für 2 Portionen

1 Hähnchenbrustfilet (ca. 150 g)
3 EL helle Sojasauce
Cayennepfeffer
3 EL natives Sesamöl
10 g frischer Ingwer
1/2–1 rote Chilischote
1 Bio-Limette
1/2 rote Paprikaschote
1 Frühlingszwiebel
1/2 reife Papaya (150 g)
30 g geröstete, gesalzene Erdnusskerne
4–6 Stiele Pfefferminze
100 g Salatgurke

Zubereitungszeit: ca. 40 Min.

Scharfer Obatzter mit Apfel im Käsering

Für 2 Portionen

1 Laugenstange
70 g weiche Butter
1/2 TL Kümmelsamen
60 g Bergkäse
1/2 rotschaliger Apfel (60 g)
2 TL Zitronensaft
100 g reifer Camembert
50 g Romadur
1 kleine Schalotte
1/2 TL edelsüßes Paprikapulver
1/2 TL Harissa-Paste
2–3 EL Weizenbier
Salz
kleine Radieschen zum Servieren

Zubereitungszeit: ca. 30 Min.

ZUBEREITUNG

1 Backofen auf 200 °C vorheizen. Laugenstange schräg in 1/2 Zentimeter dünne Scheiben schneiden – das geht am besten mit einer Brotschneidemaschine. Scheiben auf ein mit Backpapier ausgelegtes Blech legen. 30 Gramm Butter zerlassen, Kümmel unterrühren, Laugenscheiben damit bepinseln und im heißen Backofen (Mitte, Umluft 180 °C) 6 bis 8 Minuten goldbraun rösten. Laugenchips auf einem Gitter abkühlen lassen.

2 Inzwischen den Bergkäse reiben. Backpapier auf dem Blech abwischen. Käse in zwei Bahnen von je 26 Zentimeter Länge auf das Papier streuen. Im heißen Ofen in 4 bis 5 Minuten schmelzen lassen, bis der Käse zu bräunen beginnt. Käsestreifen mit einer flachen Palette abheben, um je einen der kleineren Garnierringe legen und abkühlen lassen.

3 Apfel halbieren, nicht schälen, und das Kerngehäuse herausschneiden. Den Apfel in sehr kleine Würfel (Brunoise) schneiden und sofort mit dem Zitronensaft mischen. Camembert und Romadur würfeln und mit einer Gabel zerdrücken. Schalotte schälen und fein würfeln. Apfel zwischen Küchenpapier trocken tupfen.

4 40 Gramm Butter mit Paprikapulver und Harissa mischen. Schalotten, Camembert und Romadur unterarbeiten. Apfelwürfel und Bier unter den Obatzten mischen, eventuell salzen. In den Käseringen anrichten und mit Laugenchips und Radieschen garnieren.

Dreierlei Tatar mit Limetten-Mayonnaise

ZUBEREITUNG

1 Fischfilets abgedeckt 30 Minuten tiefkühlen. Limetten heiß waschen, trocknen, 2 Teelöffel Schale fein abreiben, 6 Esslöffel Saft auspressen. Ei, Senf, 1 Esslöffel Limettensaft, etwas Fleur de Sel, neutrales Öl und 5 Esslöffel Sesamöl in einem Becher mit dem Pürierstab cremig-dicklich aufmixen, ohne den Stab zu bewegen. Pürierstab dann langsam auf- und abziehen und alles zur cremigen Mayonnaise mixen. Mit Cayennepfeffer und eventuell Limettensaft abschmecken, kalt stellen. Sesam in einer Pfanne ohne Fett unter Rühren goldbraun rösten, abkühlen lassen.

2 Avocado halbieren, entkernen und schälen. Fruchtfleisch klein würfeln, sofort mit 1 Esslöffel Limettensaft mischen. Korianderblättchen waschen und trocknen. Abgezupfte Blättchen hacken und untermischen. Mit 1/2 Teelöffel Limettenschale, Fleur de Sel und Cayennepfeffer würzen.

3 Frühlingszwiebeln putzen und waschen. Hellgrünes und Weißes fein schneiden. Fischfilets getrennt voneinander fein würfeln. Jeweils mit der Hälfte der Zwiebeln und je etwas Limettenschale, Fleur de Sel und Cayennepfeffer mischen. Erst je 2 Teelöffel Sesamöl, dann 1 bis 2 Teelöffel Limettensaft untermischen.

4 Rote-Bete-Blätter verlesen, waschen und trocken schleudern. Sesam unter die Limetten-Mayonnaise mischen. Tatar mithilfe der kleineren Garnierringe anrichten: Je 1 gehäuften Esslöffel Thunfisch, Avocado und Lachs einschichten und leicht glatt streichen. Mit Limetten-Mayonnaise und Rote-Bete-Blättern garnieren.

Für 2 Portionen

je 100 g Thunfischfilet und Lachsfilet (Sushiqualität)

2 Bio-Limetten

1 ganz frisches Ei (Größe M)

1 TL mittelscharfer Senf

Fleur de Sel

5 EL neutrales Öl

7 EL natives Sesamöl

Cayennepfeffer

2 TL Sesamsamen

1 reife Avocado

1/2 Bund Koriandergrün

2 Frühlingszwiebeln

50 g feine Rote-Bete-Blätter

Zubereitungszeit: ca. 45 Min.

Linsensalat mit gebratener Lyoner Wurst

Für 2 Portionen

180 ml Gemüsefond

1 kleines Lorbeerblatt

80 g kleine grüne Linsen (Puylinsen)

1 kleine Kartoffel (60 g)

1/2 Möhre (60 g)

1/2 Pastinake (60 g)

1 Frühlingszwiebel

1/2 kleiner säuerlicher Apfel (60 g)

1 TL Zitronensaft

Salz, Pfeffer

1 EL Apfelessig

2 EL natives Rapsöl

2 EL Mayonnaise

2 EL saure Sahne

2 EL Estragonsenf

150 g Lyoner Wurst (oder Fleischwurst)

1 EL Öl

Zubereitungszeit: ca. 1 Std.

ZUBEREITUNG

1 Fond und Lorbeer aufkochen. Die Linsen in einem Sieb kalt abspülen, im Fond zugedeckt aufkochen und bei milder Hitze 30 bis 35 Minuten kochen lassen. Kartoffel waschen und ungeschält in Wasser 20 Minuten zugedeckt kochen lassen.

2 Inzwischen Möhre und Pastinake schälen. Beides in sehr kleine Würfel (Brunoise) schneiden. Frühlingszwiebel putzen, waschen und fein würfeln. Möhre, Pastinake und Frühlingszwiebel in kochendem Salzwasser 1 bis 2 Minuten blanchieren, kalt abschrecken und in einem Sieb sehr gut abtropfen lassen. Apfel waschen, halbieren und das Kerngehäuse entfernen. Apfel ungeschält in ebenso kleine Würfel wie das Gemüse schneiden und mit dem Zitronensaft mischen.

3 Kartoffel pellen und fein reiben. Linsen in eine Schüssel geben, Lorbeer entfernen. Gemüse und Kartoffeln untermischen, salzen und pfeffern. Erst Essig, dann Öl, dann die Apfelwürfel untermischen. Abgedeckt beiseite stellen.

4 Mayonnaise, saure Sahne und Senf verrühren. Lyoner Wurst in 1/2 Zentimeter dicke Scheiben schneiden. Eine Grillbratpfanne erhitzen, Öl darin zerlaufen lassen. Lyoner-Wurst-Scheiben darin auf jeder Seite 1 bis 2 Minuten braten. Linsensalat mithilfe der größeren Garnierringe auf Tellern anrichten. Lyoner Wurst darumlegen und mit Estragonsenfcreme garnieren.

Kartoffelrosetten mit Sellerie-Speck-Tatar

ZUBEREITUNG

1 Schalotte schälen und fein würfeln. In kochendem Wasser 30 Sekunden blanchieren, abschrecken und abtropfen lassen. Aceto balsamico, je etwas Salz und Pfeffer verrühren. Walnussöl unterschlagen, Schalotten unterrühren, Vinaigrette beiseite stellen.

2 Knollensellerie schälen, Staudensellerie putzen. Beides in sehr kleine Würfel (Brunoise) schneiden. In kochendem Salzwasser 2 Minuten blanchieren, abschrecken und abtropfen lassen. Speck in ebenso kleine Würfel schneiden. Selleriewürfel zwischen Küchenpapier trocknen und mit den Speckwürfeln mischen. Mit 1 bis 2 Esslöffeln Vinaigrette mischen, sodass das Tatar gerade zusammenhält.

3 Kartoffeln schälen und in dünne Scheiben hobeln. Scheiben überlappend zu zwei flachen Rosetten legen und andrücken. Öl in einer beschichteten Pfanne erhitzen. Kartoffelrosetten darin bei mittlerer Hitze auf beiden Seiten goldgelb braten.

4 Inzwischen den Salat putzen, waschen und trocken schleudern. Salat zerzupfen und mit der restlichen Vinaigrette mischen. Kartoffel-rosetten auf Küchenpapier kurz entfetten, salzen und auf zwei Teller legen. Sellerie-Speck-Tatar mithilfe der kleineren Garnierringe auf den Rosetten anrichten. Meerrettich schälen und mit einem Messerrücken in feinen Streifen darüberschaben (oder auf der Haushaltsreibe raspeln). Salat dazu anrichten.

Für 2 Portionen

1 kleine Schalotte

2 EL weißer Aceto balsamico

Salz, Pfeffer

2 EL Walnussöl

100 g Knollensellerie

1 kleine Stange Staudensellerie (60 g)

150 g Südtiroler Bauernspeck, in 3 mm dicken Scheiben

2 Kartoffeln (à ca. 80 g)

3 EL Öl zum Braten

50 g Salat nach Saison (z. B. Brunnenkresse, Rucola, Feldsalat, Frisée)

1 kleines Stück Meerrettich (ca. 20 g)

Zubereitungszeit: ca. 45 Min.

Zucchinihäckerle mit Chorizochips und Rucola

Für 2 Portionen

300 g Zucchini
1 Stange Staudensellerie (60 g)
1 Schalotte
1/2 Knoblauchzehe
4 EL Olivenöl
Fleur de Sel, Pfeffer
8 große Scheiben Chorizo
6 Stiele Petersilie
40 g Manchego
(spanischer Hartkäse)
2 EL weißer Aceto balsamico
1/2 TL Dijonsenf
8–10 Kirschtomaten
30 g feiner Rucola

**Zubereitungszeit:
ca. 30 Min. (plus Kühlzeit)**

ZUBEREITUNG

1   Zucchini putzen, waschen, längs halbieren, das weiche Innere und die Kerne entfernen. Fruchtfleisch fein würfeln. Sellerie putzen, waschen und auch fein würfeln. Schalotte und Knoblauch schälen. Schalotte sehr fein würfeln. In 2 Esslöffeln heißem Öl bei mittlerer Hitze glasig dünsten. Knoblauch fein hacken, mit Zucchini und Sellerie zugeben. 5 bis 6 Minuten unter Rühren dünsten, ohne dass das Gemüse Farbe nimmt. In einer Schüssel mit Fleur de Sel und Pfeffer würzen, abkühlen lassen.

2   Ofen auf 200 °C vorheizen. Chorizo auf ein mit Backpapier ausgelegtes Blech legen. Mit Backpapier abdecken, mit einem zweiten Blech beschweren. Im heißen Ofen (Mitte, keine Umluft) 8–10 Minuten knusprig braten. Vom Blech nehmen und abkühlen lassen. Petersilie waschen, trocknen und abgezupfte Blättchen hacken. Unter das Gemüse mischen.

3   Die Hälfte vom Manchego am besten mit einem Sparschäler fein hobeln, beiseite stellen. Restlichen Käse fein reiben, unter das Zucchinihäckerle rühren und die Mischung 30 Minuten kalt stellen.

4   Aceto balsamico, Senf, Fleur de Sel, Pfeffer und 2 Esslöffel Olivenöl verrühren. Tomaten 10 Sekunden in kochendes Wasser geben, abschrecken und abziehen. Rucola verlesen, waschen und trocken schleudern. Zucchinihäckerle mithilfe der größeren Garnierringe auf Tellern anrichten, Tomaten mit dem Stielansatz nach unten daraufsetzen. Chorizochips zerbrechen. Chorizo und Rucola zwischen die Tomaten stecken. Mit gehobeltem Manchego und Vinaigrette garnieren.

Käseschaumsuppe mit Bündner-Fleisch-Tatar

ZUBEREITUNG

1 Möhre und Staudensellerie putzen und in sehr kleine Würfel (Brunoise) schneiden. In kochendem Salzwasser 2 Minuten blanchieren, abschrecken und abtropfen lassen. Bündner Fleisch in ebenso kleine Würfel schneiden. Gemüsewürfel zwischen Küchenpapier trocknen, mit den Fleischwürfeln mischen. Hälfte der Sprossen hacken und untermischen. Apfel-Balsamico und Öl verrühren und so viel untermischen, dass das Tatar gerade zusammenhält. Abgedeckt beiseite stellen.

2 Sahne steif schlagen und kalt stellen. Den Käse fein reiben. Schalotte und Knoblauch schälen und fein würfeln. Butter in einem Topf zerlassen, Schalotten und Knoblauch darin bei mittlerer Hitze glasig braten. Wein zugeben und auf die Hälfte reduzieren. Fond zugeben und das Ganze aufkochen.

3 Den Käse unter ständigem Rühren in der Suppe schmelzen lassen. Suppe mit einem Mixstab zuerst fein pürieren, dann nach und nach die Sahne unterpürieren. Suppe eventuell salzen und mit 1 Prise Cayennepfeffer würzen.

4 Tatar mithilfe der kleineren Garnierringe in tiefen Tellern anrichten, mit den restlichen Sprossen garnieren. Suppe erneut aufmixen und um die Ringe gießen. Ringe erst bei Tisch vorsichtig vom Tatar lösen und abheben.

Für 2 Portionen

1/2 Möhre (60 g)

1 kleine Stange Staudensellerie (60 g)

Salz

150 g Bündner Fleisch (oder Bresaola), in 3 mm dicken Scheiben

40 g Radieschensprossen (oder Lauchsprossen)

1–2 EL Apfel-Balsamico

1–2 EL natives Rapsöl

100 g Sahne

100 g milder Hartkäse (z. B. junger Grana Padano)

1 Schalotte

1/2 Knoblauchzehe

1 EL Butter

6 EL Weißwein

300 ml Geflügelfond

Cayennepfeffer

Zubereitungszeit: ca. 40 Min.

Avocadocreme auf Knusperboden mit Paprikagelee

Für 2 Portionen

200 g rote Paprikaschoten

1/2 rote Chilischote

5 EL Rapsöl

Zucker

Salz

1 gestrichener TL Agar-Agar

40 g Tacochips

1 EL weiche Butter

Kreuzkümmelpulver

1 TL Kakaobohnenstücke (gesalzen)

1 kleines Bund Koriandergrün

1 Bio-Limette

1 reife Avocado

60 g Doppelrahmfrischkäse

Cayennepfeffer

Chilifäden für die Garnitur

Zubereitungszeit: ca. 45 Min. (plus Kühlzeit)

ZUBEREITUNG

1 Paprika putzen, vierteln und entkernen. Paprika waschen und in fingerdicke Streifen schneiden. Chili entkernen, waschen und klein schneiden. Beides in 1 Esslöffel heißem Öl andünsten, 2 Esslöffel Wasser zugeben und zugedeckt bei kleiner Hitze 8 bis 10 Minuten weich dünsten. Danach pürieren und durch ein feines Sieb passieren. Mit etwas Zucker und Salz abschmecken. Agar-Agar mit einem Schneebesen unterrühren, aufkochen, bei kleiner Hitze unter Rühren 5 Minuten kochen lassen. Eine flache Form (ca. 15 x 12 Zentimeter) mit Frischhaltefolie auslegen. Paprikapüree darin verteilen, mindestens 4 Stunden kalt stellen.

2 Chips in einem Gefrierbeutel mit einer Kuchenrolle fein zerbröseln. Butter und 1 Prise Kreuzkümmel verrühren, Chips und Kakaobohnen untermischen. Auf Tellern mithilfe der kleineren Garnierringe zu Plätzchen formen, mit dem Boden eines Glases fest andrücken, kalt stellen.

3 Koriander waschen, trocken schütteln und, bis auf ein paar Blättchen, mit den zarten Stielen hacken, mit 4 Esslöffeln Öl pürieren. Limette heiß waschen, trocknen und 1/2 Teelöffel Schale fein abreiben. Limettensaft auspressen. Avocado halbieren, entkernen und schälen. Fruchtfleisch mit Limettenschale und 1 bis 2 Esslöffel Limettensaft pürieren, Frischkäse unterrühren. Mit Cayennepfeffer abschmecken. Mit einem kleinen Garnierring 2 Paprikagelee-Taler ausstechen und auf die Tacoböden setzen. Avocadocreme mithilfe eines Spritzbeutels mit runder Tülle daraufspritzen, mit Chilifäden und Koriander garnieren. Korianderöl um die Türmchen verteilen.

Hauptgerichte

Schaffen Sie mit den Garnierringen königliche Inszenierungen auf Ihren Tellern: Pochierte Eier wollen auf würzigen Paprika-Kartoffeln thronen, schmeichelndes Butterfischpüree wird mit kurzgebratenen Jakobsmuscheln gekrönt, und Schweinefilet darf sich im Kräutermantel auf sanftes Bohnenpüree betten.

Gebratener Lammrücken mit Ratatouille

Für 2 Portionen

1 Lammrückenfilet (250 g)
1/2 TL Kakaopulver
1/4 TL Chiliflocken
Fleur de Sel
100 g Zucchini
100 g Aubergine
1/2 gelbe Paprikaschote (90 g)
1 Zweig Rosmarin
1 Schalotte
1/2 Knoblauchzehe
3 EL Olivenöl
10 Kirschtomaten (mit Grün)
Pfeffer
100 ml Rotwein
100 ml Lammfond
2–3 EL Aceto balsamico
1/2 TL Speisestärke
Zucker

**Zubereitungszeit: ca. 1 Std.
(plus 30 Min. für das Fleisch)**

ZUBEREITUNG

1 Fleisch 30 Minuten vor der Zubereitung aus dem Kühlschrank nehmen. Backofen mit einer ofenfesten Form auf 80 °C (Mitte, keine Umluft) vorheizen. Kakao, Chili und 1 Teelöffel Fleur de Sel mischen. Zucchini und Aubergine putzen. Paprika putzen und entkernen. Gemüse waschen und in 1/2 Zentimeter große Würfel schneiden. Rosmarin waschen, trocknen. Nadeln büschelweise abzupfen, die Hälfte fein hacken. Schalotte und Knoblauch jeweils schälen und fein würfeln.

2 Fleisch in 1 Esslöffel heißem Öl rundum 3 Minuten anbraten und mit Kakao-Chili-Salz würzen. In der Form im Ofen weitere 30 Minuten garen. Kirschtomaten 1 bis 2 Minuten im Bratfett braten, bis sie platzen, zum Fleisch geben. Pfanne beiseite stellen. 2 Esslöffel Öl in einem Topf erhitzen, Schalotten darin bei mittlerer Hitze glasig dünsten, Knoblauch, gehackten Rosmarin, Zucchini, Aubergine und Paprika untermischen, mit Fleur de Sel und Pfeffer würzen. Zugedeckt bei kleiner Hitze 10 Minuten bissfest dünsten. Warm halten.

3 Wein und Fond in der Fleischpfanne aufkochen und bei starker Hitze auf ein Drittel einkochen lassen. Aceto balsamico und Stärke verrühren, in die Sauce rühren und aufkochen. Mit Kakao-Chili-Salz und Zucker abschmecken. Ratatouille mithilfe der kleineren Garnierringe anrichten und mit Rosmarinnadeln garnieren. Fleisch in Scheiben schneiden, mit Tomaten und Sauce dazu anrichten.

Das Foto zu diesem Rezept finden Sie auf den Seiten 26/27

Paprika-Kartoffeln mit Dicken Bohnen und Ei

ZUBEREITUNG

1 Zwei Tassen mit Frischhaltefolie (ca. 30 x 30 cm) auslegen, Folie dünn mit Öl bestreichen. Je 1 Ei in eine Tasse aufschlagen, Folie mit möglichst wenig Luft zu je einem Beutel verdrehen. Mit Küchengarn so zusammenbinden, dass das Garn zwischen den Beuteln ca. 15 Zentimeter lang ist. Eier beiseite stellen.

2 Bohnen in kochendem Wasser 1 Minute blanchieren und abschrecken. Bohnenkerne auslösen. Kartoffeln schälen und 1 Zentimeter groß würfeln. Hälfte der Schalotte in 1 Esslöffel heißem Öl bei mittlerer Hitze glasig braten. Paprikapulver, Kartoffeln und Fond unterrühren. Zugedeckt 10 Minuten dünsten. Paprika putzen, entkernen und halbieren. Tomate und Paprika in kochendem Wasser 30 Sekunden blanchieren, abschrecken und abziehen. Paprika 1 Zentimeter groß würfeln. Tomaten ohne Stielansatz würfeln. Beides unter die Kartoffeln rühren, salzen und offen bei mittlerer Hitze 15 bis 20 Minuten köcheln lassen.

3 Übrige Schalotten in 1 Esslöffel heißem Öl bei mittlerer Hitze glasig braten. Knoblauch dazupressen, Bohnen zugeben, mit Bohnenkraut, Fleur de Sel würzen. Zugedeckt bei kleiner Hitze 10 Minuten dünsten. Eierbeutel über einen Kochlöffelstiel so in kochendes Wasser hängen, dass sie den Topfboden nicht berühren. Eier bei kleiner Hitze 5 Minuten pochieren. Brösel in 2 Esslöffel heißem Öl goldbraun rösten. Paprika-Kartoffeln mithilfe der größeren Garnierringe anrichten, Bohnen darum verteilen. Eier abschrecken, auspacken, vorsichtig auf die Paprika-Kartoffeln setzen und mit Bröseln garnieren.

Für 2 Portionen

Öl zum Bestreichen

2 Eier (Größe M)

200 g TK-Dicke Bohnen

350 g Kartoffeln

2 Schalotten, gewürfelt

4 EL Olivenöl

1 TL scharfes geräuchertes Paprikapulver

4 EL heißer Gemüsefond

1/2 rote Paprikaschote (100 g)

1 Tomate (100 g)

1 Knoblauchzehe, geschält

1 EL Bohnenkrautblättchen, gehackt

Fleur de Sel, Pfeffer

2 EL Semmelbrösel

Öl zum Bestreichen

Zubereitungszeit: ca. 1 Std. 15 Min.

Gekräutertes Schweinefilet auf Bohnenpüree

ZUBEREITUNG

1 Ofen auf 180 °C vorheizen. Kartoffeln schälen und auf einem Gemüsehobel möglichst dünn hobeln. Kartoffeln in kaltes Wasser legen. Schalotte schälen und vierteln. Filet mit Muskatnuss, Salz und Pfeffer würzen. Fleisch und Schalotten in einer ofenfesten Pfanne in 1 Esslöffel heißem Öl rundum braun anbraten. Fond, Wermut und Lorbeer zugeben und im heißen Ofen ca. 25 Minuten schmoren (Mitte, keine Umluft).

2 Bohnen in einem Sieb abtropfen lassen, Sud dabei auffangen. Tomaten in kleine Würfel schneiden. Knoblauch schälen, fein würfeln und in 1 Esslöffel heißem Öl bei kleiner Hitze 1 bis 2 Minuten weich dünsten. Bohnen untermischen und zugedeckt bei kleiner Hitze erwärmen. Bohnen pürieren, eventuell mit etwas Sud verdünnen. Tomaten untermischen, mit 1 Esslöffel Öl, Salz und Pfeffer würzen, warm halten. Fleisch in Alufolie gewickelt ruhen lassen. Fond in der Pfanne bei starker Hitze auf ein Drittel reduzieren, passieren, salzen und pfeffern.

3 Frittieröl auf 170 °C erhitzen (es ist heiß genug, wenn an einem eingetauchten Holzlöffelstiel Blasen aufsteigen). Kartoffeln trocken tupfen, im Öl portionsweise goldgelb frittieren, auf Küchenpapier abtropfen lassen, dann leicht salzen. Alle Kräuter auf die Arbeitsfläche streuen. Fleisch darüberrollen, sodass es mit Kräutern bedeckt ist, und in Scheiben schneiden. Bohnenpüree mithilfe der größeren Garnierringe anrichten. Fleisch daraufsetzen, mit Kartoffelchips und Sauce garnieren.

Für 2 Portionen

250 g mittelgroße Kartoffeln

1 Schalotte

300 g Schweinefilet (a. d. Mitte)

Muskatnuss, frisch gerieben

Salz, Pfeffer

3 EL Olivenöl

120 ml Geflügelfond

8 EL weißer Wermut
(z. B. Noilly Prat)

1 Lorbeerblatt

1 Dose weiße Bohnen
(Füllmenge 425 g)

20 g getrocknete Tomaten ohne Öl

1 Knoblauchzehe

Öl zum Frittieren

1/2 Bund gemischte Kräuter,
gehackt (z. B. Kerbel, Petersilie,
Basilikum)

2 EL feine Schnittlauchröllchen

Zubereitungszeit: ca. 1 Std.

Butterfischpüree mit gebratenen Jakobsmuscheln

Für 2 Portionen

300 g Kartoffeln

1 Knoblauchzehe

1 frisches Lorbeerblatt

200 ml Milch

150 g geräucherter Butterfisch

100 g gegarte Rote Bete (Vakuumpack)

Fleur de Sel, Pfeffer

1 EL Aceto balsamico

3 EL Olivenöl

2 EL Crème fraîche

1 EL Zitronensaft

1–2 EL Parmesan, frisch gerieben

2 EL Schnittlauchröllchen

Cayennepfeffer

50 g feine Salatmischung (»Babyleafs«)

6 Jakobsmuscheln (evtl. TK, aufgetaut)

Zubereitungszeit: ca. 1 Std. 15 Min.

ZUBEREITUNG

1 Kartoffeln waschen und ungeschält in Wasser 20 Minuten zugedeckt kochen lassen. Ungeschälten Knoblauch mit der breiten Seite eines großen Messers kräftig andrücken, Lorbeerblatt mehrfach einschneiden. Knoblauch, Lorbeer, Milch und Butterfisch in einem Topf bis kurz vor dem Kochen erhitzen, von der Kochstelle nehmen und zugedeckt 30 Minuten ziehen lassen.

2 Rote Bete 1 Zentimeter groß würfeln. Würfel mit etwas Fleur de Sel und Pfeffer würzen. Mit Aceto balsamico und 2 Esslöffeln Öl mischen. Butterfisch aus der Milch heben. Fisch häuten und mithilfe von zwei Gabeln zerpflücken.

3 Kartoffeln pellen und durch eine Kartoffelpresse drücken. Crème fraîche, Zitronensaft und Parmesan unterrühren. Zerpflückten Fisch und Schnittlauchröllchen unterheben, mit Fleur de Sel und Cayennepfeffer abschmecken.

4 Salat verlesen, waschen und gründlich trocken schleudern. Fischpüree mithilfe der größeren Garnierringe auf Tellern anrichten. Salat darum verteilen und Rote Bete daraufgeben.

5 Muscheln trocken tupfen, waagerecht halbieren und in einer Schüssel mit 1 Esslöffel Öl mischen. Eine beschichtete Pfanne erhitzen. Muscheln darin ohne weiteres Fett auf jeder Seite 30 Sekunden goldbraun braten, auf das Fischpüree setzen, leicht mit Fleur de Sel würzen.

Entenbrust mit grünem Kartoffel-Spargel-Püree

Für 2 Portionen

1 Entenbrustfilet (ca. 300 g)

500 g grüner Spargel

Salz

350 g Kartoffeln

Pfeffer

1 EL Öl

1 Schalotte, gewürfelt

200 ml Marsala-Wein

100 ml Entenfond
(oder Geflügelfond)

1/2 Bund Kerbel, gehackt

60 g Mascarpone

Fleur de Sel

gemahlene Muskatblüte

50–60 g kalte Butter, in Stücken

Zubereitungszeit: ca. 1 Std.

ZUBEREITUNG

1 Ofen auf 180 °C vorheizen. Entenbrusthaut mehrfach schräg einschneiden. Entenbrust abgedeckt beiseite stellen. Spargel nur im unteren Drittel schälen, Enden abschneiden. Stangen in kochendem Salzwasser 7 bis 8 Minuten blanchieren, abschrecken und abtropfen lassen. Stangen bis 5 Zentimeter vor den Spitzen in 1 Zentimeter kurze Stücke schneiden. Kartoffeln schälen und in kochendem Salzwasser ca. 20 Minuten garen.

2 Entenbrust rundum salzen und pfeffern, auf der Hautseite im heißen Öl bei mittlerer bis starker Hitze 3 Minuten goldbraun braten, wenden und weitere 2 Minuten braten. Auf einer ofenfesten Platte im heißen Ofen auf dem Rost 10 Minuten braten. Bratfett bis auf 1 Esslöffel aus der Pfanne gießen, Schalottenwürfel darin bei mittlerer Hitze glasig braten. Mit Marsala und Fond ablöschen und bei mittlerer Hitze 8 Minuten einkochen lassen. Entenbrust so in Alufolie wickeln, dass die Haut frei bleibt. Fleisch 5 Minuten ruhen lassen.

3 Kartoffeln abgießen, kurz abdämpfen lassen und durch eine Kartoffelpresse drücken. Mascarpone unterrühren. Kerbel und Spargelstücke (ohne die Spitzen) unterheben, mit Fleur de Sel und Muskatblüte würzen. Spargelspitzen längs halbieren. Etwas Püree in die größeren Garnierringe streichen, Spargelspitzen an den Rand der Ringe stellen, Püree einfüllen und warm halten. Sauce durch ein Sieb in einen Topf passieren und aufkochen. Von der Kochstelle nehmen, Butter nach und nach mit einem Schneebesen unterschlagen, salzen und pfeffern. Fleisch in Scheiben schneiden, mit der Sauce um das Püree anrichten.

Seeteufel im Speckmantel auf Rahmwirsing

ZUBEREITUNG

1 Wirsing putzen und ohne Strunk und harte Blattrippen quer in 1/2 Zentimeter dicke Streifen schneiden. In kochendem Salzwasser 3 Minuten blanchieren, abschrecken und abtropfen lassen. Möhre und Petersilienwurzel schälen, längs halbieren und 1/2 Zentimeter groß würfeln. Wirsing mit den Händen kräftig ausdrücken und auflockern.

2 Backofen auf 180 °C vorheizen. Seeteufel trocken tupfen, leicht pfeffern. In die Speckscheiben rollen. Möhre und Petersilienwurzel in 1 Esslöffel heißem Butterschmalz bei mittlerer Hitze unter Rühren 2 Minuten andünsten, mit etwas Fleur de Sel würzen. Crème fraîche untermischen und zugedeckt bei kleiner Hitze 6 Minuten dünsten. Wein, Fond, Nelke, Zimt, Lorbeer und angedrückte Wacholderbeeren aufkochen und bei starker Hitze auf 8 Esslöffel reduzieren.

3 Inzwischen die Seeteufelmedaillons in 1 Esslöffel heißem Butterschmalz in einer ofenfesten Pfanne rundum anbraten. Im Ofen weitere 5 bis 6 Minuten garen. Wirsing unter die Möhren-Petersilienwurzeln heben, zugedeckt weitere 4 bis 6 Minuten dünsten. Sauce passieren, aufkochen und mit Zucker, Fleur de Sel und Pfeffer würzen. Sauce von der Kochstelle nehmen, Butter nach und nach mit einem Schneebesen unterschlagen, auf keinen Fall mehr kochen lassen.

4 Wirsing mit Zitronensaft und Meerrettich würzen. Mithilfe der größeren Garnierringe auf Tellern anrichten. Seeteufelmedaillons darauf setzen, Sauce um den Wirsing verteilen. Dazu passen Salzkartoffeln.

Für 2 Portionen

300 g Wirsing
Salz
1/2 Möhre (60 g)
1 kleine Petersilienwurzel (60 g)
6 Seeteufelmedaillons à 50 g
Pfeffer
12 sehr dünne Scheiben Südtiroler Speck (60 g)
2 EL Butterschmalz
Fleur de Sel
100 g Crème fraîche
200 ml Rotwein
100 ml Geflügelfond
1 Nelke
1 kleines Stück Zimtstange (2 cm)
1 Lorbeerblatt
2 Wacholderbeeren
2 TL brauner Zucker
50–60 g kalte Butter, in Stücken
1 EL Zitronensaft
1–2 EL Meerrettich, frisch gerieben

Zubereitungszeit: ca. 45 Min.

Rehrücken mit Kaffeekruste und Granatapfel-Bulgur

Für 2 Portionen

1 großer Granatapfel
1 gehäufter TL Kaffeebohnen (5 g)
1 Scheibe Toastbrot
2 Kardamomkapseln
6 schwarze Pfefferkörner
200 ml Wildfond
1 Schalotte, gewürfelt
3 EL Öl
1 Knoblauchzehe, gewürfelt
100 g Bulgur
Salz
2 Rehrückenfilets à 150 g
2 TL flüssiger Honig
40 g Kalamata-Oliven
Muskatnuss, frisch gerieben
Fleur de Sel
1/2 TL Speisestärke

Zubereitungszeit: ca. 1 Std. 15 Min.

ZUBEREITUNG

1 Granatapfel quer halbieren. Auf einer Zitruspresse aus einer Hälfte 120 Milliliter Saft pressen (Vorsicht: Es spritzt!). Granatapfelkerne aus der anderen Hälfte lösen und beiseite stellen. Kaffee im Blitzhacker grob zerkleinern. Toast grob würfeln und im Blitzhacker fein zerkleinern. Kardamom aufbrechen, Kerne und Pfeffer im Mörser fein zerstoßen. Mit Kaffee- und Toastbröseln mischen. Mit 1 bis 2 Esslöffeln Wildfond zu einer Paste mischen. Backofen auf 180 °C vorheizen.

2 Schalottenwürfel in 1 Esslöffel heißem Öl bei mittlerer Hitze glasig braten. Knoblauchwürfel kurz mitbraten. Bulgur unterrühren. 200 Milliliter Salzwasser zugeben, zugedeckt aufkochen und den Bulgur auf der ausgeschalteten Kochstelle 25 Minuten ausquellen lassen. Inzwischen das Fleisch rundum salzen. Fleisch in 2 Esslöffeln heißem Öl rundum anbraten. Fleisch mit Honig bestreichen, mit der Kaffeepaste bedecken und auf ein Backblech setzen. Im heißen Ofen 15 bis 20 Minuten braten (Mitte, Umluft 160 °C).

3 Fond und Granatapfelsaft im Topf bei starker Hitze auf ein Drittel reduzieren. Oliven vom Stein und klein schneiden, mit 3 bis 4 Esslöffeln Granatapfelkernen unter den Bulgur mischen. Mit Muskat und Fleur de Sel abschmecken. Fleisch aus dem Ofen nehmen, abgedeckt 5 Minuten ruhen lassen. Sauce passieren und aufkochen. Stärke mit 1 Esslöffel kaltem Wasser verrühren, in die Sauce rühren, aufkochen, salzen und pfeffern. Fleisch in Scheiben schneiden. Bulgur mithilfe der größeren Garnierringe anrichten. Fleisch daraufsetzen, Sauce darum verteilen.

Rindertatar-Buletten auf Kartoffelplätzchen

Für 2 Portionen

1 Schalotte

2 Cornichons (20 g)

2 TL kleine Kapern

2 Sardellenfilets (in Öl), abgetropft

200 g Rindertatar

4 TL Senf

3 Eigelb (Größe M)

Fleur de Sel

300 g Kartoffeln

Mulltuch zum Ausdrücken

Cayennepfeffer

2 EL Butterschmalz

1 EL Zitronensaft

1 TL getrockneter Estragon

1 EL Crème fraîche

150 g Butter

1 EL frischer Estragon, gehackt

2 Wachteleier

Zubereitungszeit: ca. 1 Std. 30 Min.

ZUBEREITUNG

1 Schalotte schälen und fein würfeln. Cornichons ebenfalls fein würfeln. Kapern und Sardellen fein hacken. Tatar, 1 Teelöffel Senf, Schalotten, Cornichons, Kapern, Sardellen und 1 Eigelb vermengen, mit Fleur de Sel und Cayennepfeffer würzen. Tatar mithilfe der kleineren Garnierringe zu 2 Buletten formen, abgedeckt kalt stellen.

2 Kartoffeln waschen, schälen und raspeln. Kartoffeln in einem Mulltuch kräftig ausdrücken. Raspel in einer Schüssel auflockern und kräftig mit Fleur de Sel und Cayennepfeffer würzen.

3 In einer großen beschichteten Pfanne 1 Esslöffel Butterschmalz erhitzen. 2 große Garnierringe hineinstellen, je die Hälfte der Kartoffeln hineingeben und fest andrücken. Bei kleiner bis mittlerer Hitze 6 bis 8 Minuten goldbraun braten. Ringe abheben (Vorsicht: Heiß!), 1 Esslöffel Butterschmalz zugeben. Plätzchen vorsichtig wenden und ebenso braten.

4 Inzwischen 2 Eigelb, Zitronensaft, getrockneten Estragon und 3 Teelöffel Senf sowie Crème fraîche in einem Rührbecher mit dem Mixstab pürieren. Butter kurz aufkochen. Langsam bei laufendem Mixstab zugeben und glatt pürieren. Mit frischem Estragon, Fleur de Sel und Cayennepfeffer abschmecken. Kartoffelplätzchen aus der Pfanne heben und warm stellen. Buletten im Bratfett bei starker Hitze auf jeder Seite 30 Sekunden braten und warm stellen. Wachteleier als Spiegeleier braten. Mit den Buletten auf den Kartoffelplätzchen mit der Sauce anrichten.

Süßkartoffelpüree auf Spinatsalat mit Garnelen

Für 2 Portionen

5 Knoblauchzehen

4 EL Olivenöl

1 orangefarbene Süßkartoffel (400 g)

80 g Zuckerschoten

Salz

2 EL weißer Aceto balsamico

1/2 TL Dijonsenf

Pfeffer

50 g feiner Blattspinat

6 TK-Garnelen mit Schale, ohne Kopf, aufgetaut

Cayennepfeffer

Fleur de Sel

1 Schalotte, gewürfelt

100 ml Weißwein

6 EL Sahne

50–60 g kalte Butter, in Stücken

1 EL vegetarischer Kaviar (aus Algen; gut sortierter Supermarkt)

Zubereitungszeit: ca. 1 Std. 20 Min.

ZUBEREITUNG

1 Ofen auf 180 °C vorheizen. Ungeschälte Knoblauchzehen mit 1 Esslöffel Öl beträufeln und in Alufolie wickeln. Süßkartoffel waschen und mit dem Knoblauch auf einem Blech im heißen Ofen 1 Stunde backen (Mitte, keine Umluft). Zuckerschoten putzen, in kochendem Salzwasser 2 bis 3 Minuten blanchieren, abschrecken, abtropfen lassen. Aceto balsamico, 1 Esslöffel Wasser, Senf, Salz und Pfeffer verrühren. 2 Esslöffel Öl unterschlagen und mit den Zuckerschoten mischen. Spinat verlesen, waschen und trocken schleudern.

2 Garnelen so schälen, dass das Schwanzende an der Garnele bleibt. Garnelen entdarmen und längs bis kurz vor dem Schwanzende halbieren. Mit etwas Cayennepfeffer und 1 Esslöffel Öl mischen. Garnelen in 1 Esslöffel heißem Öl 4 bis 5 Minuten braten. Süßkartoffel halbieren, etwas abkühlen lassen. Fruchtfleisch aus der Schale heben. Knoblauch auspacken, Inneres aus den Zehen zur Kartoffel drücken, untermischen, mit Fleur de Sel würzen. Garnelen und Süßkartoffeln warm halten.

3 Schalotte mit Wein bei starker Hitze auf 3 Esslöffel reduzieren. Sahne zugeben, auf die Hälfte einkochen lassen. Von der Kochstelle nehmen, Butter nach und nach mit einem Schneebesen unterschlagen. Mit Fleur de Sel und Cayennepfeffer abschmecken. Algenkaviar unterrühren. Sauce warm halten, nicht mehr kochen lassen. Süßkartoffeln mithilfe der größeren Garnierringe anrichten, dabei in der Mitte eine Vertiefung drücken, Sauce hineingeben. Spinat und Zuckerschoten darum verteilen. Garnelen mit Fleur de Sel würzen, auf dem Salat anrichten.

Getrüffelte Kartoffeln mit Rotwein-Spinat

ZUBEREITUNG

1 Kalbsmedaillons 30 Minuten vor der Zubereitung aus dem Kühlschrank nehmen. Backofen mit einer ofenfesten Form auf 80 °C (Mitte, keine Umluft) vorheizen. Spinat verlesen, waschen und trocken schleudern. Kartoffeln schälen, in 1/2 Zentimeter große Würfel schneiden und in kaltes Wasser legen. Schalotten schalen und fein würfeln.

2 Eine Grillpfanne erhitzen, 1 Esslöffel Öl darin zerlaufen lassen, Kalbsmedaillons trocken tupfen und darin bei starker Hitze auf jeder Seite 2 Minuten braten. Steaks mit Fleur de Sel und Pfeffer würzen und in der Form im Ofen weitere 25 Minuten garen. Inzwischen die Hälfte der Schalotten in einem Topf in 1 Esslöffel heißem Öl bei mittlerer Hitze glasig braten. Gut abgetropfte Kartoffeln zugeben und 2 Minuten unter Rühren mitbraten. Kartoffeln offen bei kleiner Hitze schmoren, dabei nach und nach den Fond zugeben.

3 Inzwischen restliche Schalotten in je 1 Esslöffel heißem Öl und Butter bei mittlerer Hitze glasig braten. Etwas Zucker zugeben und schmelzen lassen. Rotwein zugeben und offen bei starker Hitze sirupartig einkochen lassen. Spinat zugeben und zugedeckt zusammenfallen lassen. Mit Fleur de Sel und Pfeffer abschmecken.

4 Trüffelbutter und geriebenen Käse unter die Kartoffeln rühren. Spinat auf tiefe Teller geben, Kartoffeln mithilfe der größeren Garnierringe darauf anrichten. Steaks vorsichtig auf die Kartoffeln setzen.

Für 2 Portionen

2 Kalbsmedaillons à ca. 160 g
300 g junger Blattspinat
300 g festkochende Kartoffeln
2 Schalotten
3 EL Öl
Fleur de Sel, Pfeffer
100 ml heißer Gemüsefond
2 EL Butter
Zucker
200 ml kräftiger Rotwein
2 EL Trüffelbutter
40 g Bergkäse, frisch gerieben

Zubereitungszeit: ca. 45 Min.
(plus 30 Min. für das Fleisch)

Ziegenkäsepäckchen auf Porree mit Roter Bete

ZUBEREITUNG

1 Butter zerlassen. Die Teigblätter nacheinander zur Hälfte dünn mit Butter bestreichen, unbestrichene Hälfte daraufklappen. Wieder dünn mit Butter bestreichen und halbieren. So aufeinanderlegen, dass je ein achteckiger Stern entsteht. In die Mitte der Sterne je 1 Käse setzen, je 1 Esslöffel Haselnusse und je 1/2 Teelöffel Thymian und Honig darübergeben, leicht mit Fleur de Sel und Pfeffer würzen. Teig darüber zusammenfassen und zu Beuteln verdrehen. Auf ein mit Backpapier ausgelegtes Blech setzen, mit Butter bestreichen und beiseite stellen.

2 Backofen auf 200 °C vorheizen. Rote Bete grob würfeln, mit Senf und Essig fein pürieren. Mit etwas Zucker, Fleur de Sel und Pfeffer abschmecken. 3 Esslöffel Öl unterpürieren. Beiseite stellen.

3 Porree putzen und waschen. Das Weiße und Hellgrüne in 1/2 Zentimeter dicke Ringe schneiden. Knoblauch schälen und fein würfeln. 2 Esslöffel Öl erhitzen, Knoblauch darin bei mittlerer Hitze andünsten. Restlichen Zucker darüberstreuen und schmelzen lassen. Porree und 2 Esslöffel Zitronensaft unterrühren. Zugedeckt bei kleiner Hitze 6 bis 8 Minuten dünsten.

4 Inzwischen die Käsepäckchen im heißen Ofen (Mitte, Umluft 180 °C) 5 bis 6 Minuten goldbraun backen. Porree mit Zitronensaft, Fleur de Sel und Pfeffer würzen. Mithilfe der größeren Garnierringe anrichten. Käsepäckchen vorsichtig daraufsetzen, mit Rote-Bete-Sauce garnieren.

Für 2 Portionen

40 g Butter

2 Blätter Filo- oder Yufkateig (je 31 x 30 cm)

2 kleine Ziegenfrischkäse (à 40 g)

2 EL Haselnussblättchen

1 TL Thymianblättchen

1 TL flüssiger Honig

Fleur de Sel, Pfeffer

100 g gegarte Rote Bete (Vakuumpack)

1 TL Estragonsenf

1 EL Rotweinessig

2–3 EL Zucker

5 EL Olivenöl

400 g schlanker Porree

1 kleine Knoblauchzehe

3 EL Zitronensaft

Zubereitungszeit: ca. 1 Std.

Pastinaken-Kartoffel-Stampf mit Blutwurst

Für 2 Portionen

250 g säuerliche Äpfel

2 EL Zitronensaft

1 EL Zucker

50 g Pumpernickel

3 EL Butterschmalz

300 g Kartoffeln

1 Pastinake (100 g)

Salz

2 Zwiebeln (100 g)

2 TL rosenscharfes Paprikapulver

4 EL Mehl

Öl zum Frittieren

8 EL Milch

Fleur de Sel

gemahlene Muskatblüte

180 g Blutwurst

20 g Meerrettich, frisch gerieben

Zubereitungszeit: ca. 1 Std. 15 Min.

ZUBEREITUNG

1 Äpfel schälen, entkernen, würfeln und mit Zitronensaft mischen. Zucker in einem kleinen Topf schmelzen lassen. Äpfel und 3 Esslöffel Wasser zugeben. Zugedeckt bei kleiner Hitze 10 bis 15 Minuten weich dünsten und abkühlen lassen. Pumpernickel in sehr kleine Würfel schneiden, in 1 Esslöffel heißem Butterschmalz bei mittlerer Hitze knusprig braten, herausheben und abkühlen lassen.

2 Kartoffeln und Pastinake schälen, in 2 Zentimeter große Stücke schneiden. In Salzwasser zugedeckt 20 Minuten kochen lassen. Inzwischen die Zwiebeln schälen und in feine Ringe hobeln oder schneiden. Paprikapulver und 3 Esslöffel Mehl mischen, sorgfältig mit den Zwiebeln mischen. Überschüssiges Mehl in einem Sieb abschütteln. Öl in einem Topf auf 170 °C erhitzen (es ist heiß genug, wenn an einem eingetauchten Holzlöffelstiel Blasen aufsteigen), Zwiebeln darin portionsweise goldbraun frittieren. Herausheben und auf Küchenpapier abtropfen lassen.

3 Pastinaken-Kartoffeln abgießen, kurz abdämpfen lassen und mit einem Kartoffelstampfer grob zerdrücken. Milch unterrühren, mit etwas Fleur de Sel und Muskatblüte würzen. Stampf warm halten. Blutwurst in Scheiben schneiden. In 1 Esslöffel Mehl wenden, überschüssiges Mehl abklopfen. In 2 Esslöffeln heißem Butterschmalz bei mittlerer Hitze auf jeder Seite 2 Minuten braten. Pumpernickel in den größeren Garnierringen verteilen. Stampf darauf verstreichen. Ringe abziehen. Blutwurst und Zwiebeln obenauf geben. Meerrettich unter das Apfelkompott rühren und dieses darum verteilen.

Gefüllte Lammsteaks auf Erbsenpüree mit Tomatenkompott

Für 2 Portionen

2 Lammhüftsteaks
à 180 g (evtl. TK, aufgetaut)

300 g Flaschentomaten

1 Schalotte, gewürfelt

3 EL Öl

Zucker

Fleur de Sel, Pfeffer

3 Soft-Aprikosen (30 g)

4 Stiele Thymian

2 EL gehackte Mandeln (20 g)

300 g Kartoffeln

Salz

200 g TK-Erbsen

8 EL Milch

250 ml Lammfond

1 Zweig Rosmarin

1 Stiel Basilikum

**Zubereitungszeit: ca. 1 Std.
(plus 30 Min. für das Fleisch)**

ZUBEREITUNG

1 Lammhüftsteaks 30 Minuten vor Zubereitung aus dem Kühlschrank nehmen. Ofen mit einer ofenfesten Form auf 80 °C vorheizen (Mitte, keine Umluft). Tomaten in kochendem Wasser 30 Sekunden blanchieren, abschrecken und abziehen. Tomaten entkernen und klein würfeln. Schalottenwürfel in 1 Esslöffel heißem Öl glasig braten. Tomaten unterrühren. Offen bei mittlerer Hitze zu einem festen Kompott kochen lassen. Mit etwas Zucker, Fleur de Sel und Pfeffer abschmecken.

2 Aprikosen fein würfeln, Thymianblättchen abzupfen und hacken. Beides mit Mandeln mischen, salzen und pfeffern. Längs in die Steaks eine Tasche schneiden, Mandelmischung darin verteilen. Steaks in 2 Esslöffeln heißem Öl rundum 6 Minuten braun anbraten. Mit Fleur de Sel und Pfeffer würzen und in der Form im Ofen 45 Minuten garen.

3 Kartoffeln schälen und in kochendem Salzwasser etwa 20 Minuten garen. Erbsen in kochendem Wasser 5 Minuten blanchieren, abgießen und kurz abtropfen lassen. Hälfte der Erbsen in der Milch fein pürieren. Fond und Rosmarin in der Bratpfanne bei starker Hitze auf die Hälfte reduzieren, salzen und pfeffern.

4 Kartoffeln abgießen, kurz abdämpfen lassen. Kartoffeln durch eine Kartoffelpresse drücken. Erbsenpüree unterrühren. Mit Fleur de Sel würzen. Basilikumblättchen fein schneiden, unter die Tomaten mischen. Püree und Erbsen mithilfe der größeren Garnierringe anrichten. Fleisch aufschneiden, daraufsetzen. Mit Tomatenkompott und Fond garnieren.

Rotweinrisotto mit Pfifferlingen und Salbei-Kalbsleber

ZUBEREITUNG

1 Zucker in einem Topf goldbraun karamellisieren lassen. Mit Rotwein ablöschen. Lorbeer zugeben und bei starker Hitze auf 6 Esslöffel reduzieren. Beiseite stellen. Pfifferlinge verlesen und putzen. Schalotten und Knoblauch jeweils schälen und fein würfeln.

2 Hälfte von Schalotten und Knoblauch in 1 Esslöffel Olivenöl bei kleiner Hitze glasig dünsten. Reis unterrühren, nach und nach den heißen Fond zugeben und den Reis unter gelegentlichem Rühren 25 Minuten schmoren. Inzwischen restliche Schalotten und Knoblauch in einer Pfanne in 1 Esslöffel heißem Olivenöl glasig dünsten. Pilze zugeben, unter Rühren 4 Minuten braten, herausheben und warm stellen.

3 Leber in 10 bis 12 gleich große Stücke schneiden. Mit dem Mehl in einer Schüssel mischen. Überschüssiges Mehl abklopfen. Auf jedes Leberstück mit einem Hölzchen 1 Salbeiblatt stecken. Butter und 2 Esslöffel Olivenöl in der Pfanne erhitzen, Leber darin auf jeder Seite 2 Minuten braten. Hölzchen aus der Leber entfernen. Leber warm stellen.

4 Lorbeer aus der Rotweinreduktion entfernen. Reduktion unter den Risotto rühren, mit Fleur de Sel und Muskatnuss würzen. Salbei-Leber und Pfifferlinge jeweils mit Fleur de Sel und Pfeffer würzen. Risotto mithilfe der großen Garnierringe auf Tellern anrichten, Pfifferlinge vorsichtig daraufsetzen, Salbei-Leber darum verteilen.

Für 2 Portionen

1 EL Zucker
300 ml trockener Rotwein
1 Lorbeerblatt
120 g kleine Pfifferlinge
2 Schalotten
1 Knoblauchzehe
4 EL Olivenöl
120 g Risottoreis
400 ml heißer Geflügelfond
300 g Kalbsleber
1 EL Mehl
Hölzchen zum Feststecken
10–12 Salbeiblätter
2 EL Butter
Fleur de Sel
Muskatnuss, frisch gerieben
Pfeffer

Zubereitungszeit: ca. 1 Std. 15 Min.

Desserts

Auch Desserts kommen, stilvoll im Garnierring angerichtet, groß raus: Süßer Couscous
wird im Ring getürmt, luftige Quarkmousse
im Mandel-Dattel-Törtchen serviert und
würzige Käsecreme auf krossem Boden mit
süßem Portwein gefüllt.

Süße Couscoustürmchen mit Erdbeeren

Für 2 Portionen

150 ml Milch
1 EL geröstetes Arganöl
6 EL Zucker
1 TL Bourbon-Vanillezucker
60 g Couscous
2 EL gehackte Mandeln
20 g Zitronat
80 g Sahne
250 g Erdbeeren
1 Bio-Limette

**Zubereitungszeit:
ca. 45 Min. (plus Kühlzeit)**

ZUBEREITUNG

1 Milch, Arganöl, 2 Esslöffel Zucker und Vanillezucker aufkochen. Couscous einrühren und zugedeckt auf der ausgeschalteten Kochstelle ausquellen lassen. Mandeln in einer Pfanne ohne Fett goldbraun rösten und herausnehmen.

2 3 Esslöffel Zucker in einem kleinen Topf ohne Rühren zu hellbraunem Karamell schmelzen. 2 Esslöffel Wasser zufügen und bei kleiner Hitze unter Rühren kochen, bis sich der Karamell gelöst hat. Mandeln in den Karamell rühren und diesen unter den Couscous mischen. Zitronat sehr fein hacken und unterrühren. Couscous 1 Stunde kalt stellen.

3 Sahne steif schlagen und kalt stellen. Erdbeeren waschen, entkelchen und längs in Scheiben schneiden. Die größeren Garnierringe auf Teller stellen. Die Innenseiten der Ringe mit so vielen Erdbeerscheiben wie nötig auskleiden. Sahne unter den Vanille-Couscous heben, diesen in die Ringe füllen, glatt streichen und 30 Minuten kalt stellen.

4 Limette heiß waschen, trocknen und 1/2 Teelöffel Schale fein abreiben, Limettensaft auspressen. Restliche Erdbeeren mit 1 Esslöffel Zucker und 1 bis 2 Teelöffeln Limettensaft pürieren. Limettenschale unterrühren. Kalt stellen. Garnierringe vorsichtig von den Couscoustürmchen abheben und mit Erdbeersauce anrichten.

Warmes Schokoladenküchlein mit Eis und Himbeersauce

ZUBEREITUNG

1 Zucker in einem kleinen Topf ohne Rühren zu goldgelbem Karamell schmelzen lassen, Himbeeren unterrühren und offen bei mittlerer Hitze 4 bis 5 Minuten kochen lassen. Himbeeren durch ein feines Sieb passieren und abkühlen lassen.

2 Backofen auf 180 °C vorheizen. Schokolade in Stücke brechen und über einem heißen Wasserbad schmelzen. Schokolade etwas abkühlen lassen. Die beiden größeren Garnierringe innen buttern und dünn mit Zucker ausstreuen. Auf ein mit Backpapier ausgelegtes Blech setzen.

3 Erdnusscreme, 1 Teelöffel Butter und 1 Teelöffel Puderzucker mit einer Gabel mischen und zu 2 kleinen Kugeln formen. Restliche Butter in einer mittelgroßen Schüssel mit den Quirlen des Handrührers cremig rühren, Ei sorgfältig unterrühren. Nacheinander restlichen Puderzucker, Mehl und Schokolade unterrühren.

4 Zwei Drittel des Teiges in die Ringe geben, Erdnussbutterkugeln in die Mitte setzen und leicht in den Teig drücken. Übrigen Teig darüber verteilen. Im heißen Ofen (Mitte, Umluft 160 °C) 12 bis 14 Minuten backen. Das Innere der Küchlein soll noch flüssig sein. Küchlein vorsichtig auf Teller stürzen und die Ringe abheben. Mit Himbeersauce garnieren und je eine Eiskugel auf die Küchlein setzen. Mit Pfefferminzblättchen garnieren.

Das Foto zu diesem Rezept finden Sie auf den Seiten 52/53

Für 2 Portionen

2 EL Zucker

100 g TK-Himbeeren

50 g Bitterschokolade (70 % Kakao)

weiche Butter und Zucker für die Ringe

1 EL stückige Erdnusscreme

50 g Butter, zimmerwarm

40 g Puderzucker

1 Ei (Größe M), zimmerwarm

2 schwach gehäufte EL Mehl (20 g)

2 Kugeln Sahneeis

Pfefferminze zum Garnieren

Zubereitungszeit: ca. 15 Min. (plus 12–14 Min. Backzeit)

Knusprige Teigkörbchen mit Pflaumen-Brandy-Sahne

ZUBEREITUNG

1 Orangensaft bei starker Hitze auf 4 Esslöffel reduzieren und abkühlen lassen. Pistazien im Blitzhacker fein zerkleinern. Mit Mandelmus, Orangensaft und 1 bis 2 Teelöffeln Puderzucker mischen. Minze waschen, trocknen, die Blättchen abzupfen und bis auf ein paar Blättchen sehr fein hacken. Gehackte Minze unter das Pesto mischen.

2 Backpflaumen fein würfeln und mit Brandy und 2 Teelöffeln Puderzucker mischen. Sahne zugeben und fein pürieren. Pflaumensahne durch ein feines Sieb passieren und kalt stellen.

3 Backofen auf 180 °C vorheizen. Butter zerlassen, die größeren Garnierringe innen dünn buttern und auf ein mit Backpapier ausgelegtes Blech setzen. Teigblätter längs und quer zerschneiden, sodass jeweils 4 Stücke entstehen. Teigstücke dünn mit Butter bestreichen und hauchdünn mit Zucker bestreuen. Je 4 Teigstücke leicht versetzt so in die Ringe drücken, dass sie Körbchen bilden. Im heißen Ofen 4 bis 5 Minuten backen (Mitte, Umluft 160 °C), bis die Teigspitzen leicht gebräunt sind. Körbchen in den Ringen abkühlen lassen.

4 Inzwischen die Orange so schälen, dass die weiße Innenhaut mit entfernt wird. Filets zwischen den Trennhäuten herausschneiden. Pflaumensahne steif schlagen. Teigkörbchen vorsichtig aus den Ringen heben, Sahne in die Körbchen geben. Auf Tellern mit Orangenfilets und süßem Pesto anrichten.

Für 2 Portionen

150 ml frisch gepresster Orangensaft

25 g Pistazienkerne

2 EL weißes Mandelmus (Naturkostladen)

3–4 TL Puderzucker

2–3 Stiele Pfefferminze

50 g weiche Backpflaumen

1 EL Brandy

125 g Sahne

2 EL Butter

2 Blätter Filo- oder Yufkateig (je 31 x 30 cm)

2 EL feiner Zucker

1 Orange

Zubereitungszeit: ca. 40 Min.

Mandel-Dattel-Törtchen mit Quarkmousse und Mango

Für 2 Portionen

1 Bio-Limette

125 g Speisequark

2 EL Puderzucker

1 frisches Eiweiß (Größe M)

100 g Sahne

80 g Datteln

90 g geschälte Mandeln

1 kleine reife Mango

Cayennepfeffer

Zitronenmelisse zum Garnieren

*Zubereitungszeit:
ca. 35 Min. (plus Wartezeit)*

ZUBEREITUNG

1 Limette heiß waschen, trocknen und 1 Teelöffel Limettenschale fein abreiben, Limettensaft auspressen. Quark mit Puderzucker, 1/2 Teelöffel Limettenschale und 2 Esslöffeln Limettensaft verrühren. Restliche Limettenschale abgedeckt beiseite stellen. Eiweiß und Sahne getrennt voneinander steif schlagen. Erst die Sahne, dann den Eischnee unter den Quark heben. Im Kühlschrank in einem mit einem Küchentuch ausgelegten Sieb 4 Stunden abtropfen lassen.

2 Datteln entkernen und würfeln. Mandeln im Blitzhacker grob hacken, Datteln zugeben und zu einem leicht klebrigen Teig verarbeiten. Die größeren Garnierringe auf eine mit Backpapier ausgelegte Platte setzen. Mandel-Dattel-Teig mit feuchten Händen hineindrücken und mindestens 30 Minuten kalt stellen.

3 Mango schälen und das Fruchtfleisch vom Stein schneiden. Fruchtfleischhälften quer in dünne Scheiben schneiden. Ringe und Backpapier von den Mandel-Dattel-Törtchen lösen, Törtchen auf Teller platzieren, Ringe wieder um die Törtchen stellen. Ringe überlappend mit zwei Reihen Mangoscheiben auslegen. Abgetropfte Quarkmousse einfüllen und kalt stellen.

4 Restliche Mangoscheiben fein würfeln und mit 1/2 Teelöffel Limettenschale und 1 Prise Cayennepfeffer abschmecken. Zitronenmelisse waschen und trocknen. Ringe vorsichtig von den Törtchen heben, mit Mangowürfeln anrichten und mit Zitronenmelisse garnieren.

Geschichtete Ingwercreme mit kandierten Kumquats

ZUBEREITUNG

1 Mehl und Tee aus 1 Teebeutel mischen. Eiweiß und 1 Esslöffel Zucker steif schlagen. Eigelb, je 1 Esslöffel Zucker und warmes Wasser mit den Quirlen des Handrührers auf höchster Stufe 1 Minute cremig rühren. Erst Eischnee, dann die Mehlmischung daraufgeben und unterheben. In einer beschichteten Pfanne 1 Teelöffel Öl erhitzen. Die größeren Garnierringe innen leicht ölen, in die Pfanne stellen. Je 1 Esslöffel Teig in die Ringe geben. Bei mittlerer Hitze 2 Minuten goldgelb backen. Ringe lösen (Vorsicht: Heiß!), Plätzchen wenden, weitere 1 bis 2 Minuten backen. Auf einem Gitter abkühlen lassen. 2 weitere Plätzchen ebenso backen.

2 2 Teebeutel mit 80 Milliliter heißem Wasser 3 Minuten ziehen lassen. Teebeutel gut ausdrücken, Tee mit 1 Teelöffel Agavendicksaft und Kirschwasser verrühren. Kumquats waschen, in dünne Scheiben schneiden. Zucker in einem kleinen Topf ohne zu rühren goldgelb karamellisieren. Mit Orangensaft ablöschen (Vorsicht: Es spritzt!). Bei kleiner Hitze köcheln, bis sich der Karamell aufgelöst hat. Kumquats und Likör unterrühren und bei kleiner Hitze 5 Minuten dünsten. 4 Ingwernüsse sehr fein hacken. Mit 1 Esslöffel Ingwersirup, 1 Teelöffel Agavendicksaft und Mascarpone verrühren. Sahne unterheben.

3 Aus den Plätzchen mithilfe der kleineren Garnierringe 4 Taler ausstechen. Mit Tee beträufeln und mit der Ingwercreme in die Ringe schichten. 1 Stunde kalt stellen. Übrige Ingwernüsse in Stifte schneiden. Die Ringe vorsichtig von der geschichteten Creme lösen, mit Ingwerstiften garnieren. Mit den Kumquats anrichten.

Für 2 Portionen

4 schwach gehäufte EL Mehl (40 g)

3 Aufguss-Teebeutel grüner Tee (à 2 g)

1 Ei (Größe M), getrennt

2 EL Zucker

1 TL Öl und Öl für die Ringe

2 TL Agavendicksaft (Naturkostladen)

1 EL Kirschwasser

100 g Kumquats

2 EL Zucker

100 ml frisch gepresster Orangensaft

2 EL Orangenlikör (z. B. Grand Marnier)

6 Ingwernüsse in Sirup (25 g; Asienladen) plus 1 EL Sirup

80 g Mascarpone

60 g geschlagene Sahne

Zubereitungszeit: ca. 30 Min. (plus Kühlzeit)

Käsecreme mit Portwein und gebackener Thymian-Birne

Für 2 Portionen

1 reife Birne (ca. 200 g)

1 EL Zitronensaft

2 TL Puderzucker

2 TL flüssiger Honig

2 EL trockener Weißwein

2 Stiele Thymian

200 ml roter Portwein

Tabasco

4 Scheiben Roggenvollkorn-Knusperbrot (40 g)

3 EL weiche Butter

100 g Edelpilzkäse

5 EL Sahne

Pfefferminze zum Garnieren

Zubereitungszeit: ca. 30 Min. (plus Kühlzeiten)

ZUBEREITUNG

1 Backofen auf 180 °C vorheizen. Die Birnen schälen und längs halbieren. Kerngehäuse am besten mit einem Kugelausstecher entfernen. Birnenhälften sofort rundum mit Zitronensaft bestreichen und mit Puderzucker bestäuben. Birnenhälften mit der Schnittseite nach unten auf ein Stück Alufolie legen. Mit Honig und Weißwein beträufeln, den Thymian dazulegen. Folie verschließen und das Päckchen auf ein Blech legen. Im heißen Ofen (Mitte, Umluft 160 °C) 25 bis 30 Minuten backen. Birnen in der Folie abkühlen lassen.

2 Portwein in einem kleinen Topf bei starker Hitze auf 8 Esslöffel reduzieren. Mit einem Spritzer Tabasco würzen und abkühlen lassen. Die kleineren Garnierringe innen fein buttern. Knusperbrot in einem Gefrierbeutel mit einer Kuchenrolle fein zerbröseln. Brösel mit 1 Esslöffel Butter verkneten und auf Tellern mithilfe der Ringe zu Plätzchen formen. Mit dem Boden eines ebenen Glases fest andrücken, kalt stellen.

3 2 Esslöffel Butter in einer mittelgroßen Schüssel mit den Quirlen des Handrührers cremig rühren, zerbröselten Edelpilzkäse und Sahne unterrühren. Creme so auf die Knusperböden verteilen, dass in der Mitte eine Mulde entsteht. Erneut 20 Minuten kalt stellen. Ringe vorsichtig von der Creme lösen und abheben. Je 2 Esslöffel Portweinreduktion in die Mulden geben. Mit Birnen und restlicher Portweinreduktion anrichten. Mit Pfefferminze garnieren.

Rezeptregister

Impressum

Über den Autor

Kay-Henner Menge ist Diplom-Oecotrophologe. Nach dem Studium zog er die praktische Arbeit am Herd der trockenen Analyse am Computer vor und arbeitet heute für verschiedene Zeitschriften als Rezeptautor und Foodstylist in der Versuchsküche eines großen Verlages. Daneben schreibt er Kochbücher zu unterschiedlichen Themen. Die Herausforderung, Für 2 Personen Gerichte zu kreieren, die sich im Ring anrichten lassen, machte ihm besondere Freude.

Hinweis

Die Ratschläge/Informationen in diesem Buch sind von Autor und Verlag sorgfältig erwogen und geprüft, dennoch kann eine Garantie nicht übernommen werden. Eine Haftung des Autors bzw. des Verlags und seiner Beauftragten für Personen-, Sach- und Vermögensschäden ist ausgeschlossen.

Impressum

© 2009 by Südwest Verlag, einem Unternehmen der Verlagsgruppe Random House GmbH, 81637 München.
Die Verwertung der Texte und Bilder, auch auszugsweise, ist ohne Zustimmung des Verlags urheberrechtswidrig und strafbar. Dies gilt auch für Vervielfältigungen, Übersetzungen, Mikroverfilmung und für die Verarbeitung mit elektronischen Systemen.

Bildnachweis

Alle Fotos stammen von Julia Hörsch, Hamburg

Redaktionsleitung
Susanne Kirstein

Projektleitung
Eva Wagner

Gesamtproducing
v*büro – Jan-Dirk Hansen, München

Redaktion
Claudia Lenz, Essen

Bildredaktion
Christa Jaeger

Korrektorat
Susanne Langer

Umschlaggestaltung und Verpackungsdesign
Norbert Pautner, Berlin

Litho Artilitho, Lavis - Trento (IT)

Druck und Verarbeitung
Anpak Printing Ltd., Hongkong

Printed in China

ISBN 978-3-517-08485-5
9817 2635 4453 6271